AF394950

constitution [illegible] se liberté [illegible] du Roux

LA CONSTITUTION

DE L'HOTEL DU ROULE

BIBLIOTHÈQUE LIBRE

OU COLLECTION CHOISIE D'OUVRAGES ET DE PIÈCES DU GENRE
LIBRE, IMPRIMÉS OU RÉIMPRIMÉS PAR LES SOINS DE LA
SOCIÉTÉ DES BIBLIOPHILES COSMOPOLITES
ET POUR LES MEMBRES DE CETTE SOCIÉTÉ
A CENT EXEMPLAIRES NUMÉROTÉS

Exemplaire Nº 36

LA CONSTITUTION

DE

L'HOTEL DU ROULE

OU

LES CENT UNE PROPOSITIONS

DE LA

TRÈS-CÉLÈBRE MADAME PARIS

Réimpression textuelle, avec Notice

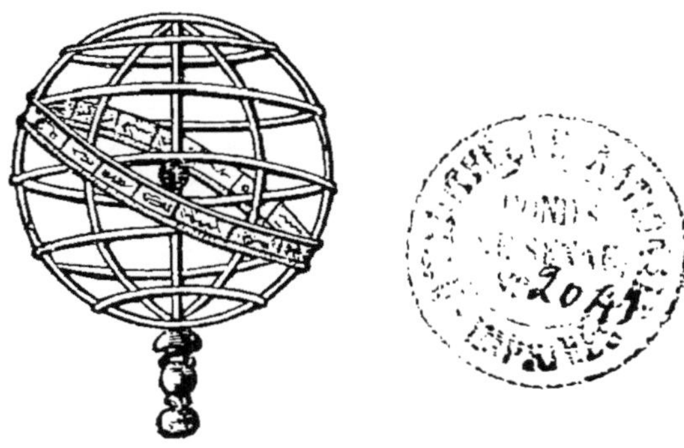

IMPRIMÉ PAR LES PRESSES DE LA SOCIÉTÉ

A NEUCHATEL

—

le 31 octobre 1872

NOTICE

SUR LA CONSTITUTION

DE L'HOTEL DU ROULE

Le livret rarissime que nous réimprimons aujourd'hui n'a jamais, à notre connaissance, passé
en vente publique et il ne se trouve dans aucun
grand dépôt littéraire. L'auteur en est inconnu, et
le *Dictionnaire des Anonymes* passe même l'ouvrage sous silence. Le *Manuel du Libraire* ne le
cite pas. La seconde édition de la *Bibliographie*
du C. d'I*** en parlait (colonne 90) d'une manière
erronée; la troisième le cite avec plus de détails.
Elle dit que c'est un volume petit in-8° de 144 pages,
contenant 101 épigrammes, qui ne paraissent avoir
été réimprimées nulle part ailleurs, si ce n'est dans
un volume plus rare encore, intitulé l'*Unigenitus
du duc de R...* (Richelieu), l'an des C..., 7756.
L'*Unigenitus* offre quelques variantes sur le texte
de la *Constitution de l'hôtel du Roule*, mais elles

sont peu importantes. Ainsi, à la dédicace, le *Bref à notre chère fille en amour la duchesse d'....*, signé, dans la *Constitution : La Pâris*, et contresigné : *La Florence*, dans l'*Unigenitus* est signé : *Le duc de R....*, et contresigné: *La Montigni*.

Nous avons réimprimé ce singulier ouvrage sur le seul exemplaire que nous en connaissions et qui était possédé par l'excellent et savant bibliophile marseillais, M. Hubaud, lequel avait eu l'occasion de voir le volume de l'*Unigenitus* et avait noté le petit nombre de variantes qu'il y avait trouvées sur son exemplaire de la *Constitution*. Nous avons reproduit ces diverses variantes. En les examinant, elles nous ont donné la conviction que l'édition originale était l'*Unigenitus*, que ce recueil d'épigrammes avait été fait pour l'amusement de Richelieu, alors très-puissant, et de son royal compagnon de débauches, Louis XV, et qu'il aura été imprimé à un nombre extrêmement restreint d'exemplaires. *La Constitution de l'hôtel du Roule*, supprimant l'indication du nom de Richelieu, et ajoutant à la fin de la brochure quelques pièces libres déjà connues, mais n'ayant pas le même sel politique, fut sans doute une reproduction de l'*Unigenitus*, faite quelque temps après pour l'amusement des jeunes libertins du grand monde et, par conséquent, également à petit nombre.

Maintenant, quelle est cette affaire de l'*Unigenitus*, à laquelle fait allusion ce recueil d'épigrammes? C'est, en vérité, une chose bien oubliée et bien morte aujourd'hui ; mais qui, pendant près d'un siècle, a tout agité et bouleversé en France. Rappelons simplement les faits en deux mots.

Un prêtre, le père Pasquier Quesnel, qui s'était fait admettre dans l'ordre de l'Oratoire en 1657, publia, de 1671 à 1678, des *Réflexions morales* sur le Nouveau Testament. Il les dédia au cardinal de Noailles, alors évêque de Châlons-sur-Marne, et quelque temps après archevêque de Paris. De Noailles approuva cet ouvrage, lequel obtint le suffrage de tous ceux qui lisent ces sortes de livres. Mais Noailles et Quesnel étaient antagonistes des jésuites, et ceux-ci réduisirent Quesnel à s'expatrier. Il se retira dans les Pays-Bas espagnols en 1685. Les jésuites obtinrent un ordre de Philippe V, roi d'Espagne, pour le faire arrêter. Il fut transporté dans les prisons de l'archevêché de Malines, et il ne fut remis en liberté qu'en 1703.

Les jésuites, le père Le Tellier et Louis XIV, son pénitent, à leur tête (1), firent condamner à Rome le

---

(1) « Louis XIV était un souverain qui avait pris pour devise un soleil dardant un de ses rayons sur un globe, avec ces mots : *Nec pluribus impar* ; qui étonnait l'Europe par le nombre et la magnificence de ses palais, le faste et l'éclat de sa cour, la variété et la galanterie de ses fêtes ; qui couvrait d'or ses maîtresses ; qui donnait deux cent mille livres aux filles de ses ministres à leur mariage, et cinquante mille écus à un courtisan endetté ; qui, dans son voyage en Flandre, dépensait quinze cents louis par jour, rien qu'en cadeaux aux dames et en gratifications aux officiers ; qui faisait à des étrangers des présents si considérables, qu'un florentin bâtit

commentaire de Quesnel sur le Nouveau Testament. On déclara qu'il y avait dans cet ouvrage cent-une

---

de ses libéralités une superbe maison, sur le frontispice de laquelle on lisait : *Œdes à Deo datœ* ; qui, pour la réception d'un prétendu ambassadeur de Perse, se fit faire un habit dont les diamants seuls valaient douze millions cinq cent mille livres ; qui, pour se construire des lieux de délices, épuisait l'art et forçait la nature ; dont enfin les profusions coûtèrent à la France dix-huit milliards.

« Que des courtisanes, des orateurs et des poëtes disputent entr'eux d'adulation ; que, l'encensoir à la main, ils enfument à l'envi le monarque qui les salarie ; qu'ils lui donnent le nom de *Grand*, celui même de Dieu, l'histoire attend leur idole à son tribunal. Là, dépouillé de ses fastueux oripeaux, accusé par la vérité qu'il entend pour la première fois, cherchant en vain ses flatteurs et ses satellites, le Dieu disparaît et ses adorateurs sont tout étonnés de voir leur colosse se rabaisser à leur niveau. J'ouvre, non les *Mémoires* caustiques de Saint-Simon, mais le *Siècle de Louis XIV*, par Voltaire, l'ouvrage, sans contredit, le plus favorable au *grand roi*, et je m'arrête stupéfait à l'aspect des sombres couleurs dont l'historien-courtisan n'a pu s'empêcher de rembrunir le tableau magnifique qu'il avait d'abord tracé.

« Ici, c'est un prince, ruiné par la guerre et le luxe, qui ordonne que tous les meubles d'argent massif soient portés à la Monnaie, et se prive, pour donner l'exemple, d'une partie des siens, dont il ne retira que trois millions, de douze qu'ils avaient coûté. Viennent ensuite les emprunts, l'altération des pièces d'or et d'argent, l'établissement de la capitation, l'imposition du dixième, les billets de monnaie, de subsistance, d'ustensiles, la vente des lettres de noblesse, l'obligation à tous les nobles, anciens et nouveaux, de faire enregistrer leurs armoiries et de payer la permission de cacheter leurs lettres avec leurs armes ; la création de nouvelles charges ridicules, telles que celles d'inspecteurs de boucheries, d'inspecteurs

propositions condamnables, et l'on dressa la *Bulle* ou *constitution Unigenitus* qui les censurait. Le pape

---

des boissons, d'inspecteurs des perruques, d'essayeurs de beurre salé, de visiteurs de beurre frais, etc.; et tout cela sans pouvoir arrêter le désordre des finances, qui s'accrut tellement que, au commencement de l'année 1715, le roi fut obligé de faire négocier trente-deux millions de billets pour en avoir huit en espèces, et qu'à sa mort il laissa une dette de deux milliards six cents millions, à vingt-huit livres le marc.

« Là, c'est un autocrate qui, se prétendant le maître des consciences comme de l'état, tourmente de toutes manières une classe nombreuse de ses sujets, qui était restée tranquille au milieu des factions de la *Fronde* et des guerres civiles qu'avaient excitées des princes, des parlements et des évêques; donne ordre à Colbert de ne plus recevoir aucun protestant dans les fermes; les exclut des arts et métiers; rend une délibération, par laquelle les enfants sont reçus à renoncer à leur religion à l'âge de sept ans; les arrache à leurs parents, dont on punit les cris douloureux par des logements de gens de guerre (ce qui amène l'émigration d'une foule de familles d'artisans); décrète alors la peine des galères contre ceux de ces professions qui tenteront de s'échapper; confisque les immeubles que vendent les protestants non émigrants; applique aux hôpitaux du royaume toutes les rentes laissées par testament aux consistoires; défend aux maîtres d'école de recevoir des pensionnaires; met les ministres à la taille; ôte la noblesse aux maires et les charges de sa maison aux officiers qui en sont revêtus; défend d'admettre des protestants parmi les notaires, les avocats et même les procureurs; interdit les temples sur la plus légère contravention, en détruit un grand nombre; fait supplicier deux ou trois cents malheureux, sans chefs, sans places et même sans dessein, qui avaient osé s'opposer à la suppression de leurs prêches; envoie des *missions bottées* où les missions catholiques

Clément XI était fort indifférent aux questions en litige ; il désirait seulement être agréable au roi de France, et il laissa faire les jésuites. Il fut fort étonné d'apprendre que sa bulle était reçue dans presque toute la France avec des sifflets et des huées. Pour couper court aux discussions, on avait même défendu aux fidèles de lire cette bulle. On la lisait cependant, et on était étonné de voir un pape, au nom de Jésus-Christ, condamner *comme*

---

sont sans effet ; casse enfin l'édit de Nantes, ouvrage de son auguste aïeul, et, par cet acte impolitique, dépeuple et appauvrit ses états ; transporte l'industrie nationale dans les pays étrangers, grossit les armées ennemies de régiments français, qui joignent les fureurs du fanatisme et de la vengeance à leur valeur naturelle ; s'attire la haine de la moitié de l'Europe ; ajoute les malheurs d'une guerre civile à ceux d'une guerre étrangère, et se met dans l'humiliante nécessité de traiter avec un garçon boulanger.

« Plus loin, c'est un moliniste couronné, qui, fanatisé par les jésuites, à l'ordre desquels il s'est affilié, poursuit à toute outrance de modestes et savants solitaires ; arrache de timides vestales à leur asile sacré, et fait de l'école de Racine et de Boileau ce que le farouche Omar à fait de l'école d'Alexandrie ; mais qui, tremblant, malgré son pouvoir, sur des débris accusateurs, appelle à son secours les armes du Vatican, et, nouveau Persée, croit trouver dans la bulle *Unigenitus* une Méduse qui pétrifiera l'armée sortie des cendres de Port-Royal : vain espoir ! il n'y trouve qu'une égide ridicule, qu'une source de chagrins pour lui, de divisions pour l'église, de troubles pour l'État, et les derniers regards du *nouveau Constantin*, du *nouveau Théodose*, ne rencontrent partout, même dans sa cour, qu'indifférence et lassitude. »

(Description historique de la ville de
Reims, par J.-B. Fr. Géruzez).

hérétiques, sentant l'hérésie, mal sonnantes et offensant les oreilles pieuses, des propositions comme celles-ci :

« *Il est bon de lire des livres de piété le dimanche, surtout la Sainte Écriture* ; » ou cette autre : « *La crainte d'une excommunication injuste ne doit pas nous empêcher de faire notre devoir.* »

La plus grave dissidence entre les jésuites et les jansénistes était celle de la *grâce,* c'est-à-dire, *du libre arbitre* et de *l'irresponsabilité* de l'homme; et c'est là une question qui, comme on sait, est encore bien débattue de nos jours. Ainsi, au nombre des centaines de livres publiés dans cette polémique religieuse, on en remarque un intitulé : *Apologie de Cartouche, ou le Scélérat justifié par la Grâce du Père Quesnel* (par le père Louis Patouillet, jésuite), satire qui eut trois ou quatre éditions en 1731 et dans les années suivantes.

Après la mort de Louis XIV, le duc d'Orléans régent apaisa toutes ces querelles en s'en moquant ; mais les jésuites continuèrent toujours leurs intrigues, et réussirent enfin, en 1728, peu de temps avant sa mort, à décider le cardinal de Noailles à se soumettre à la fameuse constitution *Unigenitus.* Vingt-cinq curés de Paris et une grande partie du clergé français protestaient encore, et, pour en finir enfin avec des troubles qui se prolongeaient éternellement, le gouvernement français prit d'abord le parti d'interdire la publication de tous ces mandements et de tous ces livres furibonds. Ensuite, voyant que loin de se modérer, les jésuites devenaient de plus en plus hostiles au point qu'ils tentèrent même, en 1757, de faire assassiner le roi par un fanatique de leur domesticité, Damiens, on comprit qu'il fallait absolument, comme dans le reste de l'Europe, recourir aux grands remèdes, et, en 1762, on bannit leur ordre de France, où ils n'ont jamais été, jusqu'aujourd'hui, rétablis légalement.

Parmi tous les livres et brochures qui ont été publiés à l'occasion de la constitution *Unigenitus*, il se trouve très-peu de chose d'assez spirituel pour qu'on en puisse seulement supporter la lecture. Nous nous contenterons de citer pour échantillon de drôleries *la Quénélomachie, ou l'Histoire de la Constitution Unigenitus*, poëme en six chants, en vers burlesques, par M. de G... (Amst., 1741, pet. in-8° de 156 pag.) Malgré le lieu d'impression, le livre est bien plus dirigé contre les jansénistes que contre les jésuites. Il y a tout au plus à la fin du volume quelques chansons et épigrammes que l'on peut citer, car le poëme lui-même est lourd, sans sel, et dans un mauvais style. En voici quelques-unes.

COUPLETS A UNE BELLE JANSÉNISTE

Sur l'air de Joconde

Que dans vos yeux Jansénius
    Trouve de fortes armes ;
La pancarte *Unigenitus*
    Tient peu contre vos charmes.
Pour vous obéir, de bon cœur,
    Je me fais janséniste ;
Mais ayez pour moi la douceur
    D'une âme moliniste.

Je vois l'amour avec ses traits
    Qui vous suit à la trace,
De vos beaux yeux, de vos attraits
    La grâce est efficace.
Je soutiendrai ce dogme là
    Dans ma thèse publique,
Quand on devroit, chez Loyola
    Me traiter d'hérétique.

Croyez-moi, fuyez les amans
    Qui sont d'une autre secte.
Ne lisez point leurs mandemens,
    Leur doctrine est suspecte.
Quant à moi, je ne craindrai rien
    Sous votre aimable empire,
Si votre équivoque entretien
    A mon cœur ne l'inspire.

N'allez pas, comme avec Quénel
    En usa le saint Père,
Me faire un procès criminel ;
    Je crains votre colère.

Pour mes tendres réflexions,
    Quelle heureuse fortune !
Si de cent propositions
    Vous en acceptiez une.

AUTRE

Philis, je ne prends point sur moi
Le soin de votre conscience.
C'est un fort honorable emploi,
Mais plus dangereux qu'on ne pense.

Vous avez un air séducteur,
Un teint, un esprit, un visage,
Qui, dans l'âme d'un directeur,
Pourroient bien faire grand ravage.

Malgré que vos intentions
Soient aussi pures que chrétiennes,
Me découvrant vos passions,
Vous pourriez allumer les miennes.

Un jour, en moi, vous trouverez
Un directeur prudent et sage :
Mais ce sera quand vous aurez
Moins de jeunesse, et moi plus d'âge.

AUTRE

L'autre jour deux diables volant,
    Entre eux firent gageure :
Lequel foireroit plus puant
    Sur humaine nature.
Le premier foira le Tellier ;
    L'autre d'effroi recule,
Et pour surpasser le premier,
    Il a foiré la Bulle.

AUTRE

Que saint Pâris, à ses malades,
Fasse faire sauts et gambades,
Le beau miracle que voilà!
Vive celui de la Cadière,
Qui fait sauter un Loyola
De Sodome jusqu'à Cythère.

LA
CONSTITUTION

DE

L'HOTEL DU ROULE

OU

LES CENT UNE PROPOSITIONS

DE LA TRÈS-CÉLÈBRE

MADAME PARIS

AVEC LA

FAMEUSE MESSALINE

A CONDOM

L'an des Cons 10007

BREF

*A notre chère fille en amour, la Duchesse d'.....,
très-fidèle sectatrice de notre aimable Déesse
la belle Vénus.*

Connaissant ta dévotion,
C'est à toi, comme à la plus digne,
Que de ma Constitution
J'adresse ce recueil insigne.
Pour le répandre promptement,
Fais don d'un seul à chaque amant
Que dans tes plaisirs tu préfères.
A l'appui de tes actions,
Bientôt mes propositions
Couvriront les deux hémisphères.

La PARIS

Par madame
La FLORENCE.

ÉPIGRAMMES

1re

LE POINÇON DE SAINT IGNACE

Un malheureux, en Cochinchine,
D'ordre d'un frère mandarin,
Comme passait le souverain,
Allait se voir rôtir l'échine.
— Grâce ! mon père, cria-t-il ;
Me griller ne serait gentil,
Ayant jadis été jésuite.
— J'en serai bientôt convaincu,
Lui repartit le père ; et vite,
Pour le plus sûr, voyons ton cu.

2me

LA CROIX DE SAINT ANDRÉ

Un vieux docteur (1), ribaud madré,
Dirigeait jeune pénitente;
Un jour désir pieux la tente
D'imiter en croix saint André.
— Grand dessein, dit-il, que je loue:
Viens, Blaise, et sur elle me cloue.
Il l'enconne en disant cela.
La fille, à son cher père jointe,
Le sent, crie: — Aïe! eh! qu'est celà?
— Point de bruit, du clou (2) c'est la pointe.

3me

LA RELIGION DE MALTE

Du tombeau de son saint prophète,
Libre d'un dévot *ex voto*,
Revenait gaie et satisfaite
Une sultane *incognito*.
A l'escadre, à deux doigts de Malte,
Un calme ennemi fait faire halte

---

(1) Certain prieur.
(2) Du clou, reprit-il.

Et la livre aux pieux forbans.
Le vit haut, saint Simon s'ècrie :
— *Bravo*, frères, vierge Marie !
D'un tiers rehaussons les turbans.

4me

LE VIEIL HOMME

Un orateur, singe de Rome,
Criait toujours à plein cerveau :
— Dépouillez, chassez le vieil homme,
Et revêtez-vous du nouveau.
Babet d'un froid vieillard ex-père
Femme était ; un jeune compère
En bref remplaça son Adam.
L'époux en pleine bagatelle
Les prend, et jure. — O Dieu ! dit-elle,
Il vous dément ; mais à son dam.

5me

L'AMANT MARIN

Certain marinier malôtru
Contre un con à son vit rebelle,
Dieu jurait, et se plaignait dru
Que la mariée était trop belle.
La fillette disait : — Hélas !
L'amant criait : — Saint Nicolas !

Vainqueur n'en pourrais-je point être ?
Bougresse, lâche-moi du con ;
Je te quitte de la façon :
Mon vit n'est point vit petit-maître.

———

6me

LE VŒU DE VIRGINITÉ

Crispin (1) d'un prêtre ayant l'aveu
Allait changer Thérèse en femme.
— Ah ! dit-elle (2), arrêtez, infâme :
De virginité j'ai fait vœu.
Sans chicaner sur l'imposture
L'amour fit volte de posture,
Puis en Florentin l'enfila.
Tandis (3) qu'à son aise il escrime,
Elle dit : — Mon vœu ne va là :
Dieu ! dans ceci je ne fais crime.

———

7me

LES APOTRES

Doucement, d'un air de mystère,
Guillaumet, par un goût nouveau,
De Sodome enfilait l'anneau ,

———

(1) Martin.
(2) Elle lui dit.
(3) Pendant.

Au lieu de bague de Cythère.
Catin lui dit : — Change de vol ,
Tu prends saint Pierre pour saint Paul,
Donnant à l'un le bien de l'autre.
— Garce , dit le pieux époux ,
Prends-tu ton con pour un apôtre ?
Jésus , ayez pitié de nous.

8me

L'URINAL DU CURÉ

De Jean malade, Anne était garde.
Elle demande un urinal ;
On en apporte ; elle regarde,
Et trouve à tous étroit canal.
— Ah ! dit-elle, votre servante
On me croit donc bien peu savante.
Eh ! c'est pour un enfant cela.
Allez, marchand, on n'est pas dupe ;
Du vit de monsieur sous ma jupe
Au juste la mesure est là.

9me

LA PUTAIN A LA ROMAINE

Avec la dévote Raton
Chez une grâce beaumontiste,
Certain curé un peu piétiste
Marchandait l'amour du bas ton.
— Je t'aime... — Bon. — Voilà ma bourse...

— Au mieux. — Je bande et mon vit source
Le foutre avec profusion...
— Bien. Mais voyons, dit la pécore,
Le billet de confession ?
Il lâche un foutre et court encore.

10me

LE PRÉLAT CHARITABLE

Un jeune et vigoureux laquais
D'une dondon, quelle? il n'importe,
Augmentait ses galants acquêts,
Un beau matin, contre une porte.
Albin, qui les vit, y courut
Lorsque dans le fort de leur rût
L'un et l'autre ne voyaient goutte.
— Sots, dit le meilleur des prélats ;
Quoi ! ménager (1) les matelas ?
A ce jeu j'ai gagné la goutte.

11me

LE PORTE COTON ROMAIN

Pour une vesse mal poussée,
Un certain cardinal neveu
D'aller à la chaise percée
Se faisait, ce semblait, un jeu.

---

(1) Vous ménagez.

De son valet la priapale
Sur la friandise papale
En un instant a braconné.
Le saint neveu ne s'en courrouce,
Mais ces doux mots enfin il pousse :
— *Pietro, dolce cotone !*

———————

12me

LE PUCELAGE DE LA MADELEINE

— Voici relique précieuse,
S'écriait, d'un ton rodomont,
Un pélerin à Panthemont.
Madame, est-elle curieuse?
— Qu'est, dit l'abbesse, cet outil?
— C'est le pucelage gentil,
Répond-il, de la Madeleine.
— Pauvre pélerin, grand merci,
Repart-elle, tu perds ta peine:
Nous n'en avons que trop ici.

———————

13me

LE THÊME EN DEUX FAÇONS

Barbe disait à certain grime
Qui lui donnait tendres leçons:
Faire son thême en deux façons,
Dis-moi ce que ce terme exprime?
— Soit, reprit-il, en l'enconnant;

Puis la médaille retournant
Se sert du romain privilége.
Foutre les culs, foutre les cons,
C'est, en style fin de collége,
Faire son thème en deux façons.

———

14me

LE MARI JUBILÉ

L'époux d'Alison en lacune
Mettait l'article du devoir,
Comme femme doit (1) en avoir
Ne lui donnant douceur aucune.
Plat couillon, vieux recoquillé !
Lui prêchait qu'étant jubilé
L'on a vétérance à Cythère.
— Oui, dit-elle, à condition
Qu'on ait en même monastère
Cinquante ans de profession.

———

15me

L'ARITHMÉTIQUE SUISSE

Nanon (2) pour prêter con et cuisse
Ne demandait qu'un seul écu ;

———

(1) Veut.
(2) Marion.

Ce fut prix fait avec un Suisse
Pour faire son mari cocu.
A ses vœux la belle acquiesce :
Fribourg n'offrant qu'un quart de pièce
Elle réclame tous ses droits.
— Moi, lui dit-il, rien te *rapattre* ;
Tans ton con *afoir* place à quatre ;
Toi *poufoir* en mettre encor trois.

16me

L'OREILLE ITALIENNE

Deux italiens dans un fiacre
Se trouvaient pris comme des rats ;
Loin de débrouiller l'embarras,
Maint cocher jurait mort et sacre.
Quelqu'un, de la voix, de la main,
Pour se faire ouvrir le chemin,
Leur criait : — Recule, recule.
A cela : — *Cornuto becco*,
Dit l'un d'eux à chaud testicule,
Che dice del culo ? m'ecco.

17me

LA DENT DE LAIT

Alain pour son vit jeune et leste,
Plein d'une cruelle douceur,
A jésuitiser l'inceste
Employait la main de sa sœur.

(1) Agnès un jour demande comme
Le bijou qu'elle tient se nomme ;
Sur son nom vite Alain filait.
— Je le sais, dit-elle, mon frère,
Et vous n'irez pas au contraire ;
Certes, c'est votre dent de lait.

18me

(2) BON CHIEN CHASSE DE RACE

Un pauvre commis besacier,
Mais cent fois plus sot qu'une outarde,
De son patron, gros financier,
Avait épousé la bâtarde.
S'apercevant qu'au coin coquet
La belle souvent le marquait,
Il veut que l'on l'en débarrasse.
— De crier contre elle si fort,
Dit le patron, vous avez tort ;
Toujours bon chien chasse de race.

19me

LA MACHINE ÉLECTRIQUE

— Qu'est-ce que l'électricité ?
Demandait Jeanne, encor pucelle.

---

(1) Un jour Agnès.
(2) N'est pas dans l'Unigenitus.

— Par le frottement excité,
Le corps, lui dit-on, étincelle.
Elle y court ; puis en a regret.
Un gars lui dit : — Pour ce secret,
J'ai certain tube cylindrique.
Jeanne croit : par le frottement
Elle grille, et dit : — Oh ! (1) vraiment,
Voilà la machine électrique.

20me

LA FOI LUTHÉRIENNE

Sara, d'amour sentant la rage,
A son époux, loin d'elle absent,
Ne croyant lui faire un outrage,
De cornes faisait maint présent.
Sa voisine, peste et hagarde,
De près à ses plaisirs regarde,
Et puis la dénonce au *pater*.
Sara dit : — A la cène égale
Je croyais la foi conjugale :
Dieu ! je dois mon crime à Luther.

21me

LA FILLE DU TAILLEUR

Dans le transport qui la ravit,
Charlotte, complaisante et douce,

----

(1) Ah !

De Gauthier branlottait le vit
Avec méthodique secousse.
Sa mère la prend sur le fait,
La paye aussitôt d'un soufflet ;
A quoi la belle fait réplique :
— Ma mère, vous voulez railler ;
Aux châsses peut-on travailler
Et ne point manier la relique?

22me

LE CHASSEUR DE COUSINS

Lise (1) redoutait fort la flèche
Dont souvent sur le plus beau sein
L'incivil et hardi cousin
Se plaît à faire mainte brèche.
Pour parer son fier aiguillon
Damis joint cotte et cotillon,
Et Lise (2) alors passe les piques.
Sentant lors le vit audacieux :
— Cousin, dit-elle, en vain tu piques,
Si tu veux piquer jusqu'aux yeux.

23me

LE BARÊME DES RIBAUDS

De cent volages soupirants,
Brigitte narguant la pratique,

---

(1) Tonton.
(2) Tonton.

Voulait que de vingt mille francs
Fût fait bail emphytéotique.
— Soit (1), soit, dit le ribaud André,
(2) Mais pour une nuit du madré
Un (3) seul louis reçut Brigitte.
— Hé quoi ! dit la putain ! tu ris ?
(4) L'autre repart : — C'est notre prix,
Compte (5) : je paye bien mon gîte.

24me

LA LEÇON

Un vieux prétendait en suçons
Sauver d'amour les sécheresses ;
Bandait du doigt, et ses caresses
Manquaient de meilleures façons.
A table, sa femme en croustilles
Le sert ainsi qu'en béatilles,
Dont jure étant peu tempérant.
— C'est, dit-elle, la petite oie ;
Il me faut autre restaurant ;
Ce n'est qu'un centième de joie.

---

(1) Lui dit un gars retapé.
(2) Pour une heure de canapé.
(3) Écu seul en eut.
(4) Moi, resprit-il.
(5) A l'heure je paie.

25me

LE TALION

Xavier, chagrin de ses méprises,
Et tout neuf au cas que voici,
Foutait Rose couci, couci,
Tant que l'époux les vit aux prises.
— Ah ! dit celui-ci déconfit,
Voudriez-vous que l'on vous fît
Ce que vous faites à ma femme ?
— Ami (1), je ne suis dans mon tort,
Reprit l'amant (2) ; par Notre Dame,
Foutez, je le désire fort.

26me

LE MOINE

A la grille quatre béates
Agitaient le moyen meilleur
De conserver entre leurs ouates
Pendant la nuit bonne chaleur.
— Jésus ! Dieu ! que ne vaut un moine !
Ah ! (3) dit la mère saint-Antoine,
Il est d'un effet singulier.
— C'est donc, reprit (4) une professe,

---

(1) L'ami.
(2) Repart l'autre.
(3) Reprit.
(4) Repart.

Pour cela qu'au lit notre abbesse
N'est jamais sans un cordelier.

27me

LE DROIT DES CHATTES

Une jeune chatte en chaleur
De Chelles parcourant le cloître,
Des doux maux qu'elle sentait croître
Miaulait la tendre douleur.
L'abbesse, à tels tourments sensible,
Ordonne, que s'il est possible,
Minette ait un ou deux matous.
— Madame, cria mère (1) Agathe,
Qu'on en amène aussi pour nous,
Sommes-nous moins que votre chatte?

28me

LA RUSE DANOISE

Dans la Toscane, en même rade
Couchaient, près d'un italien,
Un danois et son camarade,
Tous deux ne pensant rien de rien.
Tirant profit du bénéfice
Du lieu, l'italien d'office
Trousse l'un des deux et le fout.

----

(1) Sœur.

— Paix, dit celui-ci ; pour sa pute,
Ami, je crois qu'il me répute ;
Il faut l'attraper jusqu'au bout.

29me

LE SINGE

Certain moine fouets et cilices
Prêchait du ton d'un inspiré.
Dans sa cellule retiré
Méditer était ses délices.
(1) Mais en jésuitique jeu
(2) L'on vit son singe l'œil en feu
Devant Madeleine coquette.
Tout singe est singe, et rien de plus.
Du cafard sur cette étiquette
Les jugements sont résolus.

30me

LA CONSANGUINITÉ

Pierrot, dispos et réjoui,
Lorgnant de près les épousailles,
Se présentait aux fiançailles
Pour s'essayer à dire oui.
— Entre vous deux, leur dit le prêtre,

----

(1) Un jour on surprit en doux jeu.
(2) Son singe braqué l'œil en feu.

Consanguinité pourrait être?
Ce qu'il en est, dites-le-moi.
— Dà, dit Pierrot, entre les seigles,
Un jour m'arrivit, sur ma foi,
D'la foutre un tantet dans ses reigles.

31me

LE PÈRE ITALIEN

Un italien, convaicu
Que son épouse était enceinte,
A témoins prenait saint et sainte
Et jurait qu'il était cocu.
— Je fus, dit-elle, toujours sage;
Votre ciseau de ce bossage
Tout seul travaille le relief.
— De moi, dit-il, qu'elle conçoive !
Double foutre, grand saint Joseph !
Il faut donc que le papier boive.

32me

LE BEAU PRIVILÉGE

Par un décret particulier
Foresti reçut privilége
De faire, sans nul sortilége,
De vrai manant bon chevalier,
Plus, un autre droit que j'estime,
De placer en rang légitime
A volonté chaque bâtard.

De crier en France est-on sage,
Si Mazarin de ce grand art
Pour les Bourbons a fait usage ?

33me

LE GENTILHOMME VERRIER

Souffler de jour mainte bouteille,
Souffler sa servante de nuit,
Sur ma foi, c'est grande merveille
Si tant de soufflage ne nuit.
Malheur en advint à l'amie (1)
Qui vers le juge en jérémie
Lamenta sur son pauvre con.
Le souffleur répondit : —Femelle,
Du roi j'ai patente formelle
De pouvoir souffler le flacon.

34me

LA DEMOISELLE VERRIÈRE

Ismène, petit à petit,
Dans un coin noir, à la sourdine,
D'un vit réveillait l'appétit
Par les jeux de sa main badine,
Mons le gentilhomme verrier
La voit et se met à crier,

------

(1) La mie.

Croyant le bidet près de l'auge.
— Ceci, dit-elle, est mon ballot ;
Car je juge par le goulot
Si la bouteille est bien de jauge.

35me

LA RIVEUSE DE CLOU

Françoise dit à Marguerite :
— Cours à Colas river le clou.
Elle y vole : — Ah ! je le mérite,
Dit Colas: rive tout ton saoul.
Dix fois la riveuse s'agence ;
Puis s'en revient. — Dans ta vengeance,
Dit Françoise, est-tu sans pitié ?
— Oui, dit-elle (1), avant que je sorte
J'avais rivé son clou de sorte
Qu'il n'en a plus que la moitié.

36me

(1) LE CHIEN ENRAGÉ

A Jacquot, qui sa chienne aimait,
Babet, cherchant à faire niche,
Dit que de rage elle écumait.
On tue aussitôt le caniche.

---

(1) L'autre.
(2) Le Barbet.

Jacquot, de retour, sait le fait,
Et dit : — Si d'écumer l'effet
Tel est, ma sœur, ton chien doit suivre :
Hier, sous la cotte de Babet
Ecumait beaucoup un barbet :
A caniche doit-il survivre ?

37me

(1) LA BONNE LECTRICE

Deux Corinnes, lectrices promptes
Des plus voluptueux romans,
De leurs plus secrets sentiments
Sur *Dom Bougre* se rendaient comptes.
— Ah! dit l'une, il sut me saisir
L'âme par un si doux plaisir,
Qu'à deux mains je le tenais ferme.
L'autre dit : — Dans mon examen
J'ai mieux senti ce qu'il renferme,
Ne l'ayant lu que d'une main.

38me

LE NEZ AU LAIT

Luc ne chantait que mariage ;
Sa mère disait : — Tarara,
Qu'on lui torde le nez, je gage

---

(1) Le fruit de la lecture.

Que le lait encore en viendra.
Pendant (1) qu'à l'instar de l'église,
Luc en paix se manuélise,
Sa sœur vient ouvrir le volet.
Elle alloit sonner le désordre,
Quand il lui dit : — Laisse-moi tordre
Mon nez pour voir s'il a du lait.

39me

LES NOUVELLES DE L'ÉCOLE

Aux femmes Baudin cherchoit noise
Et les reléguant aux enfers ,
Il n'avoit les yeux bien ouverts
Que pour admirer sa danoise.
Mais chez lui, par nécessité,
Un sien ami, trop excité,
Pour pisser prit le pot de chambre.
Sultane vint, d'un air badin,
Faire beau cul devant le membre,
Et dit le secret de Baudin.

40me

(2) LE MARI FIDÈLE

En voyage un époux dévot
Sentant que loin de son Elise

------

(1) Tandis.
(2) L'époux.

Son vit guindé sur son pivot
En vit payen le scandalise ,
Pour rendre Satanas capot,
Saintement dans le flanc d'un pot,
Peur de pis, se manuélise.
Il revient. De ce saint impôt
Sa femme lui parle: — En dépôt
Tout est, dit-il, dans ma valise.

———

41me

LA BELLE PLUIE

Dès que l'aurore prête à naître
Chasse les astres mécontents,
Marion court à la fenêtre
Pour voir des nouvelles du temps.
Un beau matin elle s'écrie:
— Ma mère, voyez, je vous prie,
Comme il pleuvit, comme il pleuvit!
Cateau repart à pleine tête :
— Prends les plus gros, petite bête,
Et les apporte dans mon lit.

———

42me

LE VISITEUR DE CONS

Jeannot vouloit foutre sa mère.
De la tête d'un gros brochet
Se faisant un con, la commère
Pinça son fils au trébuchet.

Un jour on lui parla de femme :
— Si j'en prends, dit-il, sur mon âme,
De près je verrai le dedans.
(1) Jacqueline sa cotte trousse ;
(2) Il lorgne : — Ah ! la langue rebrousse,
(3) Dit-il, il va montrer les dents.

———

43ᵐᵉ

LA TIRELIRE

(4) Dix fois par jour, à petit bruit,
Une vieille sœur tutélaire
Trafiquoit du con de sœur Claire
Et jouissoit de l'usufruit.
Nul écu de la jouvencelle
Ne venoit grossir l'escarcelle,
La vieille tous gains s'arrogeant.
Claire (5) enfin lui dit : — C'est délire
A vous, ma sœur, d'avoir l'argent
Quand je porte la tirelire.

———

(1) Goton tope, et sa jupe.
(2) Ah ! dit-il.
(3) Il va bientôt.
(4) Pendant un carême à bas bruit.
(5) Un jour.

44ᵐᵉ

LE RETRAIT LIGNAGER

(1) Lisette étoit restée et veuve
Et pucelle, malgré l'hymen.
Elle alloit dire un autre *amen*
Et tenter encore autre épreuve.
Le futur surprend en jeu doux
La belle, et de feu son époux
Le frère, et crie au sacrilége.
— Je ne crois pas vous outrager,
Dit le fouteur, par privilége
J'use du retrait lignager.

45ᵐᵉ

LE TRÉSOR DE SAINT DENIS

Eh ! bonjour donc, père Mendace,
J'ai pièce pour votre trésor,
Dit un pélerin plein d'audace,
Et qui vaut bien son pesant d'or.
De la bonne sœur Scolastique
En entier et très-élastique
C'est le godemiché mignon.
— Pour un trésor de Carmélite,
Repart le père, il est d'élite,
Pour le nôtre, il faudroit son con.

---

(1) Constance.

46me

LA RENÉGATE DE SALÉ

Par la bible, et par l'évangile
Un mathurin, chrétien zélé,
Maquignonnoit l'âme fragile
D'une renégate à Salé.
— A mes vœux croyez-vous qu'il tienne,
Lui dit-elle, d'être chrétienne ?
Père, c'est mon plus cher souci.
A Jésus comme mon ayeule,
J'aurois un époux à moi seule :
Vingt femmes n'en ont qu'un ici.

47me

LE TURC CONVERTI

Tu renonces le saint Prophète,
Disoit Osman à Mahomet,
Lui dont la sagesse parfaite
Autant de femmes nous permet.
(1) Mahomet répond : — Je n'en doute,
Mais cette (2) permission coûte
Trop cher, on paye l'entretien.
A mes vœux ici j'en ai trente
Sans qu'aucune morde ma rente :
Donc, on gagne à être chrétien.

---

(1) Oui, dit celui-ci, mais écoute
(2) Permission vous coûte

48ᵐᵉ

LE SIÉGE DE L'AME

Touchant le siége de notre âme,
Astruc et Morand, en beau tic
Se pelotoient entre eux le blâme
Sans être hors du pronostic.
(1) A la victoire chacun bute,
Et renouvelle la dispute,
Tout prêt même à démentir Dieu.
— Quelle vétille vous occupe ?
Leur dit Suzon (2), troussant sa jupe:
De l'âme voici le vrai lieu.

49ᵐᵉ

L'EXPÉDITIONNAIRE DE ROME

Un pape, de sa sainte flamme
Et de sa nièce avoit le fruit
Proscrit. — N'en peut-on sauver l'âme,
Dit-elle, avant qu'il soit détruit ?
— Ayez foi, dit le camerlingue :
Je vais avec une seringue
Le baptiser suivant le rit.
L'étole mise, au nom du père
Il la fout, puis deux fois opère
Pour le fils et le saint-esprit.

---

(1) L'un à l'autre le tort impute.
(2) Gogo.

50me

LES ESPRITS DU SEXE

A Martin le docte Vernage,
Sur des symptômes capitaux
Disoit que les esprits vitaux
Demandoient du remue-ménage.
De Martin ensuite la sœur
Malade fut. Avec douceur
De ses maux s'informe Procope.
— Ils ne sont point originaux,
Dit-elle ; c'est une syncope
Où sont tous mes esprits connaux.

51me

(1) LE COMMITTIMUS DES JÉSUITES

De mignonisme tout malade,
Un sectateur de d'Assouci,
Sur ses doux ébats en souci
Trembloit au seul mot de grillade.
Toute fumée étoit fagot ;
Toute main lui sembloit ergot
D'un exempt mis à sa poursuite.
Quelqu'un le voyant si camus,
Lui dit : — Ami, fais-toi jésuite,
Et jouis du *committimus*.

---

(1) N'est pas dans l'Unigenitus.

52me

QU'EST-CE QUE DIEU ?

Pendant trois lustres il est maître ;
Il est tout puissant et seul Dieu ;
Après ce temps il cesse d'être ;
Six lustres Cupidon a lieu ;
Six autres lustres chacun ose
Faire une vraie apothéose
De l'or que jeune il prodigua.
Puis revient Dieu. Qu'il est habile !
Il a l'homme enfant ou débile.
Qu'est donc Dieu ? *L'alpha, l'omega.*

53me

LE CORYPHÉE DES SAGES

De Grèce la pléiade sage,
Entre les deux amours optant,
Avoit fille ou garçon d'usage,
D'un ou d'autre se contentant.
Socrate n'eut qu'Alcibiade,
Qui, suivant la sagesse fade,
Vint lui chatouiller le rognon.
Jésus leurs divers goûts rassemble ;
Pour favorite il eut ensemble
Madelaine, et Jean pour mignon.

54me

LES DEUX LOIS

Aux durs caprices du divorce
Moïse, en époux inaccort,
Dans sa loi donne pleine force
Et juge l'adultère à mort.
Jésus, dans la loi qu'il publie,
A la femme le mari lie
Du nœud resserrant la façon.
Il n'est pour la femme adultère
En revanche rien moins qu'austère :
Aussi Jésus étoit garçon.

55me

L'IMITATION DE JÉSUS

Au cocuage un saint cornard
Vit sa femme qui faisoit taupes (1),
Dont voulut, à coups de poignard,
L'envoyer foutre chez les taupes.
— Suivez, dit-elle, Jésus-Christ ;
Abjurez, plein de son esprit,
De la loi l'erreur ancienne.
— Pour une femme, dit l'époux,
Si le bon Jésus fut si doux,
C'est que ce n'étoit pas la sienne.

---

(1) Topes.

56me

LA CONCORDE DES DEUX TESTAMENTS

Pourquoi, dit Augustin, la foi
Veut-elle proscrire l'usage
Qu'à prescrit Moïse en sa loi ?
Etoit-ce un sot ? est-on plus sage ?
— Néant à ton raisonnement,
Dit sa femme ; dans l'argument,
Mon pauvre mari, tu t'embrouilles ;
Toujours même est l'esprit du ciel :
L'église, comme point essentiel,
Ne nous garde-t-elle pas les couilles ?

57me

LA PRÉÉMINENCE
DU NOUVEAU TESTAMENT SUR L'ANCIEN

Chaudement disputoient deux nonnes
Sur l'un et l'autre Testament.
— Paix là ! dit l'abbesse aux mignonnes,
Leur montrant gentil instrument.
Vous connoissez cela, je jure ;
Quoique beau, ce n'est que figure
De ce qui vous (1) fit, vous et moi.
— Que le vieux Testament l'on suive,
Dit sœur Luce ; je ne suis juive,
Au nouveau seulement j'ai foi.

(1) Nous fit.

58me

LA GRACE EFFICACE

Bandant en carme, à Port-Royal,
Ivre de se venger, La Chaise,
Jusque dans le con abbatial,
Arbore un vit plus chaud que braise.
— Cessez ces transports insultants,
Lui dit Angélique. — J'attends,
Dit-il, que la grâce me chasse.
Dieu l'entendit; et de son haut
Son vit tomba. — Qu'elle vient tôt,
Dit-il ; c'est la grâce efficace.

59me

LE DOUBLE PRÊTRE

Deux messes un prêtre disoit ;
Le saint office vous le happe.
Bientôt conduit devant le pape,
Il y gardoit un froid *tacet.*
On lui reproche son offense,
Mais lui, pour pièce de défense
Tire quatre couillons en bloc.
Benoît dit, les voyant paroître :
— Dieu soit loué! ce double coq
Mérite un bref de double prêtre.

60me

LA PROMPTE CONFESSION

Aboyant aux tendres filous,
Près d'Annette, en bons tours professe,
Toujours étoit grognon jaloux,
L'accompagnant, même à confesse.
Ses fautes étant à trier,
Un amant leste, en lévrier
Avec sa femme entre en mystère.
D'Annette à jaser vint le rang :
— Père, dit-elle, en soupirant,
J'ai... j'ai... j'ai... commis l'adultère.

———

61me

LA GRACE DU BAPTÊME

Par un zélé familiare,
Certain turc fut pris sur le fait
(1) Vendredi mangeant un poulet,
Faisant la figue à la tiare.
La sacrée inquisition
De sa criminelle action
Lui demande l'affreux système.
— (2) C'étoit, reprit-il, un poulet ;
(3) Mais je lui donnai le baptême,
(4) Et la grâce en fit un brochet.

(1) Le vendredi saint, d'un.
(2) A tort, dit-il, on se fâchoit.
(3) Le poulet ayant eu.
(4) La grâce en a fait un brochet.

62me

LES QUATRE-TEMPS IMPROMPTUS

De la divine (1) liturgie
Deux prélats, hardis combattants,
Passoient les jours de quatre-temps
Dans une Cyprienne orgie.
De l'un d'eux le coadjuteur
Vint dire, d'un ton de hauteur,
Que l'huile manquoit pour un diacre.
— Foutre du nigaud que voici,
Dit l'un : tiens, vois-tu, double fiacre,
Je t'en ai fait dans ce con ci.

63me

L'ESPRIT QUI FAIT LES PAPES

L'esprit saint sur les cardinaux,
Disoit l'italien, préside :
Quoi qu'en disent les huguenots
Il fait le pape et les (2) décide.
Le vieux genevois l'entendoit,
Puis en pitié le regardoit,
Criant tout haut : Attrape, attrape.
Le Parson (3) tirant son beau vit,
Leur dit : — Messieurs, voici l'esprit
Qui sans cabale fait le pape.

---

(1) Romaine.
(2) Le.
(3) Nom des curés anglois

64me

LA FOI AU PURGATOIRE, OU LE REVENANT

Un curé bandoit en vrai page
Pour Lise. Son père mourut :
Le ribaud, pour calmer son rut,
D'un revenant prit l'équipage.
— Femme, dit-il, qui sommeillez,
Debout, et promptement allez
Offrir à Dieu l'honneur de Lise.
Je l'ai promis, j'en ai fait vœu :
Si vous osez frauder l'église,
Je vous grille au dernier cheveu.

65me

LE VŒU ACQUITTÉ, SUITE DU REVENANT

Nanon tremblante et Lise sotte
Vont conter le cas au curé.
— Dieu, leur dit-il, s'est déclaré.
Et Lise de trousser sa cotte.
Comme l'office se faisoit,
(1) La veuve à sa fille disoit :
— Soulage l'âme de ton père.
Lise dit (2), en sentant l'outil :
— Il entre en paradis, ma mère.
Nanon répond : — *Ainsi soit-il !*

---

(1) A sa fille Nanon
(2) Crie.

66me

LES LIBERTÉS GALLICANES

Une signora soutenoit
Les prétentions vaticanes :
Contre elle Fanchon fulminoit
Pour les libertés gallicanes.
C'étoit à n'en jamais finir :
Au succès pour en mieux venir,
Celle-ci leva sa chemise.
— Ah ! dit l'autre, je vois mes torts,
Ton heureux con est donc sans mors ?
Que ne suis-je de ton église !

67me

LA PROVIDENCE

Ayant trop battu la chamade
Devant les tendres étendards,
Nanine avec sûre pommade (1)
Refit les brèches de cent dards.
L'hymen fut dupe de la ruse,
Et du pucelage en céruse
Crut avoir l'honneur et les droits.
— Dieu, dit Nanine, d'abondance
A votre sainte Providence,
Je voue une messe, et je crois.

---

(1) Nommée de la providence, de l'enseigne du parfumeur.

68me

LES PAQUES SUISSES

Surmontant ses préventions
A mi-jeun, le cent-suisse Jacques
Se présentoit au temps de pâques
Pour faire ses dévotions.
Le célébrant, hors du ciboire,
Lui fait prendre un jeton d'ivoire
Au lieu du *corpus* solennel.
Jacques dit, faisant la grimace :
— Diable, c'est le père éternel ;
Le bougre doit être coriace.

69me

LA VRAIE GRACE

Prêcheurs le sont jusqu'au bordel.
— Adopte la grâce efficace,
Chère Fanfiche, et je t'embrasse,
Disoit un enfant de Quesnel.
— Ma fille, tu sauras me plaire
Si tu signes le formulaire,
Crioit Ignon d'un ton mutin.
— Ici la bulle est contrebande,
Reprit vivement la putain ;
Pour moi, la grâce est quand on bande.

70me

LA TRINITE

Tous les saints mystères frondoit
Uranie, aimable incrédule.
Contre elle un jeune camaldule
Chaudement pour eux se bandoit,
Puis saintement lui chantant pouilles :
— Dans ce vit, dit-il, et les couilles,
Adore la triple unité.
Il l'enconne par parenthèse. .
— Décharge, ou de la trinité
Le grand nom, dit-elle, est foutaise.

71me

L'INCARNATION

On ne me fera jamais croire
Un dieu dans un corps matériel,
A son curé disoit Victoire,
Dois-je démentir Gabriel.
(1) Le pasteur dit : — Craignez la foudre;
L'énigme je vais vous résoudre,
Car votre salut m'est trop cher.
L'amour règne au ciel et sur terre,
Et tout entier par un mystère
En le vit l'amour s'est fait chair.

---

(1) J'entends, dit-il, gronder la foudre.

72ᵐᵉ

LA RÉDEMPTION

Un fier vainqueur viol et pillage
Armoit de tous points pour l'assaut.
Dans la cité maint pucelage
Trembloit de faire le grand saut.
— (1) Ah ! dit la reine, que Dieu m'aide !
A vos maux je sais le remède.
Elle court, dit hors des remparts :
— Prenez-moi pour mille pucelles,
Guerriers, en con, tétons, aisselles,
Et foutez-moi de toutes parts.

73ᵐᵉ

LA FOI

Sur sa femme un vieux quinze-vingt
Nuit et jour étoit en études,
Et se minoit d'inquiétudes
Sans en être plus grand devin.
Un jour le cri de sa couchette
Décelant le jeu de cachette
Il cria d'abord au pourquoi.
— Que je prie ou que l'on me foute,
Dit la femme, il te faut la foi.
— Oui, dit-il, car je n'y vois goutte.

---

(1) La reine dit : Que le ciel.

74me

L'ESPÉRANCE

Une veuve, dont la dent creuse
Etoit faite pour l'esturgeon,
Dans sa pêche malencontreuse
N'avoit pris que cadet goujon.
Suivant la coutume charmante,
Au lever on la complimente,
C'est à qui le plus en dira.
Elle avoua la différence :
— Ayez, reprit-on, espérance ;
Avec le temps il grandira.

75me

LA CHARITÉ

Marthe d'une affreuse jaunisse
Ayant reçu la guérison,
Aussitôt sa servante Nice
En avoit senti le poison.
— J'ai ma recette, lui dit Marthe :
Je veux que ta jaunisse parte
Avant trois jours, en vérité.
La nuit à Nice, en apostême,
Elle donne l'amant qu'elle aime.
Dieu ! quel effort de charité !

76ᵐᵉ

LA PRUDENCE

Suivant bonnement la nature,
Un grand vicaire, franc pécheur,
Avoit mis sœur Bonaventure
Dans un prompt besoin d'accoucheur.
— D'un autre tour de gibecière,
Lui dit la mère dépensière,
Use avec moi le promoteur :
Coupant court à la concordance,
Il escamote avec prudence.
— Aussi dit l'autre, est-ce (1) un docteur.

77ᵐᵉ

LA FORCE

A confesse certain gascon
Se faisoit blanc de son épée.
— Quoi ! dit le père, l'équipée ?
— La voilà : viens me voir au con.
Onze coups pour les onze apôtres
Passeront vite. Au rang des autres,
Comme Dieu veut, entra Mathias.
— Mon bougre de vit prend amorce,
Dit le moine. Va pour Judas.
Gascon, apprends ce qu'est la force.

---

(1) Il est docteur.

78me

LA TEMPÉRANCE

Hélas ! disoit Anne à sa sœur,
Croirois-tu que par nuit chacune
Je ne reçois qu'une douceur?
— Chaque nuit? — Oui: mais jamais qu'une.
— Jean, dit l'autre, de son amour
Douze fois dès les premiers jours
Me donna plénière assurance.
— Et depuis? — Depuis l'amour dort.
— (1) Dieu ! reprit Anne, on n'a pas tort
De prêcher tant la tempérance.

79me

LA JUSTICE

Après la galante aventure
Couroit Pierre (1), en indépendant.
Chez lui d'un semblable pendant
Sa femme doubloit la peinture.
Un jour il la prit au tableau,
Peignant encore un trait nouveau.
Elle trembloit de la notice.
— Voisin, dit l'époux, je t'y prends,
Mais c'est une œuvre de justice,
Ce n'est qu'un prêt que tu me rends.

(1) Ah !
(1) Mari.

80ᵐᵉ

LA SAGESSE

De zèle ayant reçu largesse,
Dans un bordel en entretien
Un prêtre disoit : — A quoi tient
Votre mépris pour la sagesse ?
— Pour la sagesse du mépris !
Hélas ! j'en sais trop bien le prix,
Monsieur, répartit la Surville :
(1) La bonne chose ! elle me rend
De compte fait en cette ville
Au moins deux mille écus par an.

———

81ᵐᵉ

LE CONSEIL

Jeannette a perdu sa saveur,
Disoit Robin, et d'étiquette
Son vin a changé ; c'est piquette
Qui rappelle peu son buveur.
Mais pour remplir la place vuide
Habilement elle me guide
De ses avis et de ses soins.
— Plus utile que la Sorbonne,
Répondit la Renaut, au moins
Pour le conseil elle est très-bonne.

———

(1) Par son nom seul elle me rend.

82me

LA SCIENCE

Chez une recommandaresse,
Ne demandant qu'une leçon,
Offroit un double écu Lucrèce
Pour voir à nu quelque garçon.
De la Carlier passe un élève ;
Il l'entend : à ses yeux élève
D'amour le curieux brandon.
Lucrèce s'écrie : — Au quadruple
Payer vous faut. — Pas au centuple,
Dit-il ; la science est un don.

83me

L'ENTENDEMENT

Dans une *honesta* récrépie,
D'une vierge la Montigny
Ne présentoit qu'une copie
Pour original à Gagni.
Fleurettes, baisers, doux langage,
Tout est perdu, rien ne l'engage.
Elle n'y comprend nullement.
Gagni tinte une bourse lourde ;
La belle à l'instant n'est plus sourde,
Et vient le don d'entendement.

84ᵐᵉ

LA FORCE

(1) Au jeu d'amour, en même alcôve,
Des célestins un cordon bleu
Ayant compté la *quinquenove*
Crioit : — J'ai la force, parbleu !
— Je le croirai, dit la Desportes,
Si présentement tu me portes
Sur ton vit comme en un pivot.
Tôt dit, tôt fait; il vous l'encule.
Le moine fait blanchir Hercule.
Honneur au bon peuple dévôt.

85ᵐᵉ

LA PIÉTÉ

A genoux, sans se dépêcher,
Berthe récitoit son rosaire.
Satan, pour l'induire à pécher,
D'Amathonte envoie un corsaire.
Sans troubler la sainte oraison,
Le drôle en traître en eut raison,
Jusqu'au moment de la défaite.
Berthe alors dit, tournant les yeux :
— *Que votre volonté soit faite*
En... en... la terre comme aux cieux.

---

(1) Sans déport dans la même alcôve.

86me

LA CRAINTE DE DIEU

Un prélat craintif épluchoit,
La loupe à l'œil, d'une coquette
Le con loquette par loquette,
Le cul, la motte et le brechet.
Il remet tout doux sa calotte,
Rentre son vit dans sa culotte,
Disant : — J'ai la crainte de Dieu.
— (4) Par saint Côme, sur ma parole,
Dit la Beauvais, point de milieu ;
Va, bougre, tu crains la vérole.

87me

L'ORGUEIL

Un baron sur sa margravine,
S'alloit percher en inversal,
Lorsque, tranchant de la divine,
Elle mit dessous son vassal.
— Quoi ! dit-elle, sur une altesse
Se vautrer sans délicatesse,
Et malgré sa vassalité !
Le droit de dessus je m'arroge :
Ne crois pas que mon con déroge
Aux égards de ma qualité.

---

(1) Bandalaise.

88me

L'AVARICE

Certain beau garçon de Navarre,
Fouteur et moine, qui pis est,
Prêtoit, tant il étoit avare,
Son vit à sordide intérêt;
Bien plus lui valoit vit qu'étole;
Avec deux sœurs, quoiqu'à pistole
Au taux ne perdoit frère Roch.
Foutant l'aînée il doubloit dette
En déchargeant dans la cadette:
En tout le moine est un escroc.

89me

L'ENVIE

Un chartreux, tendre anachorette,
Chez lui sous l'habit cavalier,
Pour désopiler sa retraite,
Recevoit tendron familier.
Prenant fille au vent, autre moine
Jurant que c'est un patrimoine,
Bande et brait comme âne de meun.
Au prieur vole la discorde;
Il vient, et tous deux les accorde,
Leur donnant prison en commun.

90me

LA GOURMANDISE

Par le sacriste étoit servie
Sœur Macrine d'un vit de huit :
A dix le père en Dieu le suit,
Et lui laisse encor de l'envie.
Un troisième vit, fier champion,
Au père aussi dame le pion :
C'est vit pied de roi, vit de suisse.
Le jardinier est son héros ;
Encor son vit n'est de service
Que dans l'attente d'un plus gros.

91me

LA COLÈRE

Je foutois, le vit courroucé,
(1) Margot, disoit Paul à son prêtre ;
Ma sœur vient, Margot (1) fuit ; troussé
Fut son jupon ; pour le tour traître,
Ma mère, d'un bras défenseur,
De mon transport sauva ma sœur ;
Mais de l'œuvre elle eut le salaire.
— Votre mère? un corps décrépit?
— Oui, mon père. — Quoi, sans répit ?
— Oui. — Vous étiez bien en colère.

---

(1) Manon.
(2) Manon.

92me

LE PÉCHÉ DE LA CHAIR

Hé! ne pourrois-je point apprendre,
A sa sœur disoit sœur saint-Clair,
Ce qu'est le péché de la chair?
Je n'y pus jamais rien comprendre.
— C'est pour nous, lorsque clitoris
Aux caresses des favoris
Rencontre la nature ingrate;
Lorsqu'avec sa belle couché
Un pisse-froid d'amant la rate.
De la chair voilà le péché.

93me

LA PARESSE

Une abbesse, molle galante,
Sentoit que de son cas champion
Mouroit la vigueur défaillante,
Sur son trop paresseux croupion
Une sœur sur le dos se baisse,
Et pour la nonchalante abbesse
Forme un matelas à ressort.
Sous mille coups fuit la paresse,
Plus vive renait la caresse,
Et le foutre enfin prend l'essor.

94me

LE BAPTÊME

Avec la foi trois gouttes d'eau
Nous lavent tous du crime d'Ève :
Pour rendre complet le cadeau,
Le désir épure la sève.
Si pour Jésus de notre flanc
Un payen tire notre sang
Le poison d'Adam dégénère.
Le foutre ainsi sert au connin,
C'est le baptême féminin ;
En amour il le régénère.

95me

LA CONFIRMATION

Le fier scrupule nuit et jour
Attaque nouvelle ex-pucelle,
Et prête à renier l'amour,
A chaque pas elle chancelle.
Quand on n'a foutu qu'une fois
On est un bien piètre grivois,
Et le cœur est toujours infirme.
Un con cent fois : cent fois un vit,
L'amour par son divin esprit
Dans son lutte ainsi nous confirme.

96me

LA PÉNITENCE

(1) Mannette au devoir marital
(2) Devoit un droit chaque journée,
Quand douze droits dûs en total
Mit l'époux allaut en tournée.
Il revient foutre au chapelet.
Grain pour coup Mannette appeloit,
Dont elle n'eut que mi-quittance.
— Dieu ! dit-elle à son crucifix,
Le huguenot, qui veut de six
Tricher encor ma pénitence !

97me

L'EUCHARISTIE

De farine j'ai fait emplette,
Se dit un pâtissier malin ;
En ferai-je une tartelette,
Un macaron, un craquelin ?
J'en pourrois faire sans reproches
Ou des biscuits, ou des brioches,
Comme le hasard aura (3) lieu.
Entre deux fers je mets ma pâte :
Un *hoc est corpus* à la hâte
De ma farine fait un dieu.

---

(1) Manon au plaisir marital.
(2) Payoit.
(3) Auroit.

98ᵐᵉ

L'EXTRÊME ONCTION

Suson tout doux quittoit la vie :
Pour l'exhorter Pierre mandé,
Sentit d'une invincible envie
Pour la belle son vit guindé.
Une forte et subite crise
L'enhardit et le favorise
A contenter sa passion.
Sur le fait on prend le marouffle
(1) Qui dit : — Paix ! c'est le dernier souffle.
Je finis l'extrême onction.

99ᵐᵉ

L'ORDRE

Je n'ai qu'un fils et Dieu l'appelle,
Disoit une dame à Boyer :
S'il vous vaquoit quelque chapelle,
Monseigneur, daignez l'employer.
— Auroit-il reçu la tonsure ?
— Depuis deux ans, je vous l'assure,
Il a la soutane aux talons.
— Un titre ? — Il a pour être prêtre
Tout ce qu'il faut. — Oui dà ; peut-être.
— Quoi donc ? — Un vit et deux couillons.

---

(1) Paix, dit-il.

100me

LE MARIAGE

Blaise aimait Claire, et Luc Catin,
Sots tous quatre, et ne passant outre,
Ils payent un prêtre : en latin
Il leur dit, de par Dieu, de foutre.
Du sacrement sentant l'ardeur,
Blaise avec Claire, sans pudeur,
Au pied de l'autel s'incorpore.
Catin crie (1): — Ah! cher Luc, fous-moi ;
Car je tremble (2) que de ta foi
L'effet sans fruit ne s'évapore.

101me

LE JUGEMENT DERNIER

Dieu commande, et tout ressuscite.
Michel, par destination
A haute voix devant lui cite
A son rang chaque nation.
Dans une rapidité vive
Avoit disparu la gent juive,
Quand certaine voix la suivit :
— Je suis juif, s'écrioit un homme,
Et *Zorobabel* je me nomme.
— Bon, dit Michel, voyons ton vit.

(1) Dit.
(2) J'ai crainte.

FIN

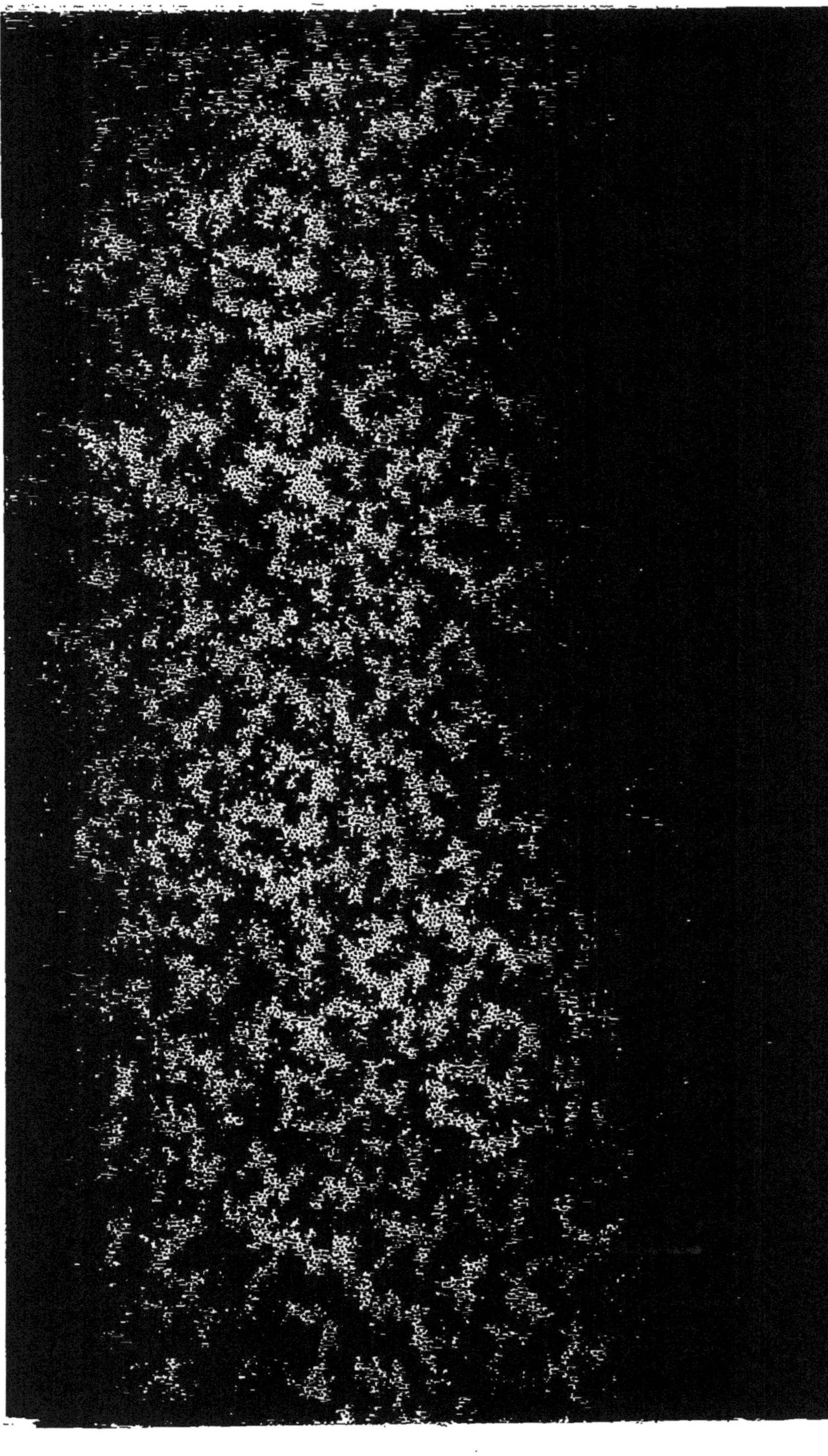